Ages
8-12

Cursive
Handwriting Workbook

• For Kids •

© **Copyright Clever Thought 2025. All rights reserved.**

The content within this book is protected by copyright law and may not be reproduced, copied, or transmitted in any form without prior written consent from the author or publisher.
Neither the author nor the publisher can be held liable for any damages, losses, or other consequences that may arise from the use of the information in this book, either directly or indirectly. All decisions and actions taken by the reader are their own responsibility.

Legal Notice:
This book is intended for personal use only and is protected by copyright law. No portion of this content may be altered, distributed, sold, quoted, or paraphrased without the author's or publisher's permission.

Disclaimer:
The information provided in this book is for educational and entertainment purposes only. Every effort has been made to present accurate and reliable content. However, no warranties, either express or implied, are given regarding the completeness, accuracy, or reliability of the information. The author does not provide legal, financial, medical, or professional advice. Readers are encouraged to seek advice from licensed professionals before applying any techniques described within this book.

By reading this book, the reader acknowledges and agrees that the author shall not be held responsible for any direct or indirect losses incurred as a result of using the information provided, including but not limited to — errors, omissions, or inaccuracies.

This book belongs to:

• Workbook •

• Content •

5 *Cursive Pre-Writing*

6 *How to Hold a Pencil (Pen) Properly*

15 *Cursive Alphabet*

43 *Connecting Letters*

71 *Cursive Words*

81 *Cursive Sentences*

95 *Scripts*

105 *Certificate*

Cursive Pre-Writing

How to Hold a Pencil (Pen) Properly?

Position your fingers: Place your index finger and thumb at an angle of about 90 degrees. Place the pen or pencil on the crook between these fingers, it should rest on your bent middle finger.

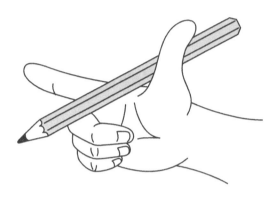

Clamp the pencil (pen) down: Gently hold the tool with your thumb and forefinger. Try not to squeeze too tight so that your hand remains relaxed and it doesn't hurt.

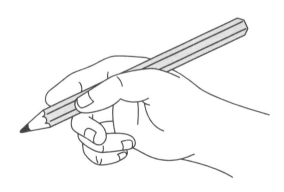

• How to Hold a Pencil (Pen) Properly? •

Pencil (Pen) position: Hold the pencil (pen) with slightly bent fingers and your wrist relaxed. This will help you to write without tension.

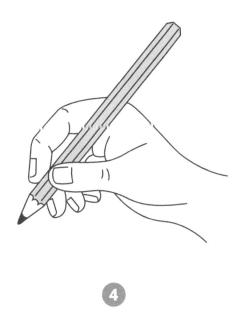

Comfort check: Make sure your tool is comfortable in your hand and that your fingers are not tense. If your hand gets tired or uncomfortable quickly, try changing your finger position or angle.

*Follow these steps and
make your writing easier! :)*

• Cursive Pre-Writing •

• Cursive Pre-Writing •

• Cursive Pre-Writing •

o o o o o o o o o o o o o o o o o o o o o o o o o o

o

i i i i i i i i i i i i i i i i i i i i i i i i i

i

l l l l l l l l l l l l l l l l l l l l l l l l l

l

c c c c c c c c c c c c c c c c c c c c c c c c c c

c

J J J J J J J J J J J J J J J J J J J J J J J J

J

l l l l l l l l l l l l l l l l l l l l l l l l l l

l

e e e e e e e e e e e e e e e e e e e e e e e e e e

e

• Cursive Pre-Writing •

• Cursive Pre-Writing •

12

• Cursive Pre-Writing •

Cursive Alphabet

• Cursive Alphabet •

• **Cursive Alphabet** •

17

• Cursive Alphabet •

𝒞 𝒞 𝒞 𝒞 𝒞 𝒞 𝒞 𝒞 𝒞
𝒞 𝒞 𝒞 𝒞 𝒞 𝒞 𝒞 𝒞 𝒞
𝒞 𝒞 𝒞 𝒞 𝒞 𝒞 𝒞 𝒞 𝒞

𝒞
𝒞
𝒞

c c c c c c c c c c
c c c c c c c c c c
c c c c c c c c c c

c
c
c
c

• Cursive Alphabet •

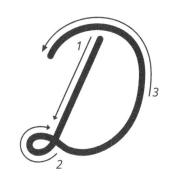

𝒟 𝒟 𝒟 𝒟 𝒟 𝒟 𝒟 𝒟
𝒟 𝒟 𝒟 𝒟 𝒟 𝒟 𝒟 𝒟
𝒟 𝒟 𝒟 𝒟 𝒟 𝒟 𝒟 𝒟

𝒟
𝒟
𝒟
𝒟

d d d d d d d d d
d d d d d d d d d
d d d d d d d d d

d
d
d
d

• Cursive Alphabet •

$\mathcal{E}$ $\mathcal{E}$ $\mathcal{E}$ $\mathcal{E}$ $\mathcal{E}$ $\mathcal{E}$ $\mathcal{E}$ $\mathcal{E}$
$\mathcal{E}$ $\mathcal{E}$ $\mathcal{E}$ $\mathcal{E}$ $\mathcal{E}$ $\mathcal{E}$ $\mathcal{E}$ $\mathcal{E}$
$\mathcal{E}$ $\mathcal{E}$ $\mathcal{E}$ $\mathcal{E}$ $\mathcal{E}$ $\mathcal{E}$ $\mathcal{E}$ $\mathcal{E}$

$\mathcal{E}$

$\mathcal{E}$

$\mathcal{E}$

$\mathcal{E}$

e

e

e

e

• **Cursive Alphabet** •

• Cursive Alphabet •

• Cursive Alphabet •

• Cursive Alphabet •

24

• Cursive Alphabet •

• Cursive Alphabet •

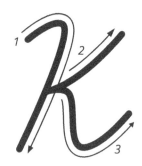

K K K K K K K K K K K K
K K K K K K K K K K K K
K K K K K K K K K K K K

K
K
K
K

k k k k k k k k k k k k
k k k k k k k k k k k k
k k k k k k k k k k k k

k
k
k
k

• Cursive Alphabet •

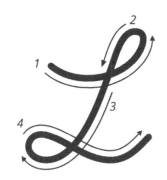

• Cursive Alphabet •

𝑚 𝑚 𝑚 𝑚 𝑚 𝑚 𝑚
𝑚 𝑚 𝑚 𝑚 𝑚 𝑚 𝑚
𝑚 𝑚 𝑚 𝑚 𝑚 𝑚 𝑚

𝑚
𝑚
𝑚
𝑚

𝑚 𝑚 𝑚 𝑚 𝑚 𝑚 𝑚
𝑚 𝑚 𝑚 𝑚 𝑚 𝑚 𝑚
𝑚 𝑚 𝑚 𝑚 𝑚 𝑚 𝑚

𝑚
𝑚
𝑚
𝑚

• **Cursive Alphabet** •

n n n n n n n n
n n n n n n n n
n n n n n n n n

n
n
n
n

n n n n n n n n
n n n n n n n n
n n n n n n n n

n
n
n
n

• Cursive Alphabet •

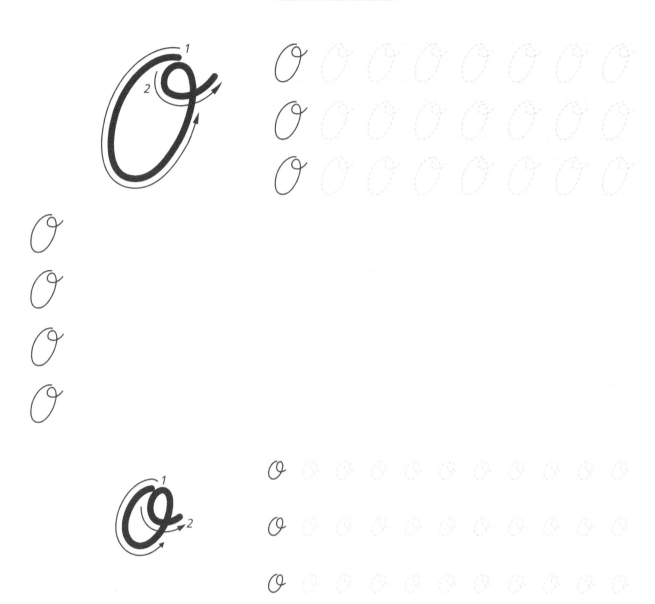

30

• Cursive Alphabet •

• Cursive Alphabet •

𝒬 𝒬 𝒬 𝒬 𝒬 𝒬 𝒬 𝒬 𝒬
𝒬 𝒬 𝒬 𝒬 𝒬 𝒬 𝒬 𝒬 𝒬
𝒬 𝒬 𝒬 𝒬 𝒬 𝒬 𝒬 𝒬 𝒬

𝒬
𝒬
𝒬
𝒬

q q q q q q q q q
q q q q q q q q q
q q q q q q q q q

q
q
q
q

• Cursive Alphabet •

ℛ ℛ ℛ ℛ ℛ ℛ ℛ ℛ
ℛ ℛ ℛ ℛ ℛ ℛ ℛ ℛ
ℛ ℛ ℛ ℛ ℛ ℛ ℛ ℛ

ℛ
ℛ
ℛ

𝓇 𝓇 𝓇 𝓇 𝓇 𝓇 𝓇 𝓇 𝓇
𝓇 𝓇 𝓇 𝓇 𝓇 𝓇 𝓇 𝓇 𝓇
𝓇 𝓇 𝓇 𝓇 𝓇 𝓇 𝓇 𝓇 𝓇

𝓇
𝓇
𝓇
𝓇

• Cursive Alphabet •

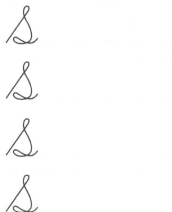

• Cursive Alphabet •

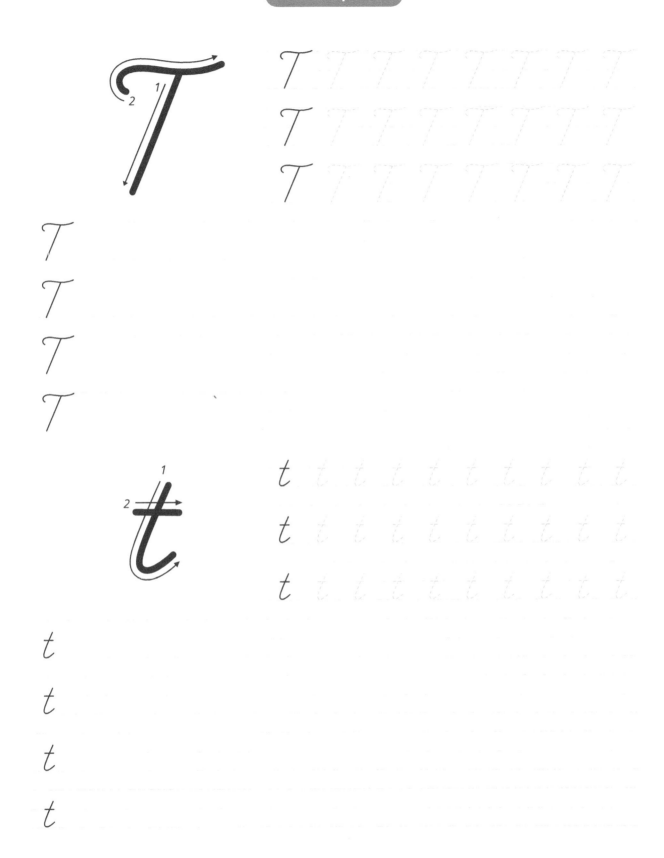

• **Cursive Alphabet** •

$\mathcal{U}$ $\mathcal{U}$ $\mathcal{U}$ $\mathcal{U}$ $\mathcal{U}$ $\mathcal{U}$ $\mathcal{U}$ $\mathcal{U}$ $\mathcal{U}$ $\mathcal{U}$ $\mathcal{U}$

$\mathcal{U}$ $\mathcal{U}$ $\mathcal{U}$ $\mathcal{U}$ $\mathcal{U}$ $\mathcal{U}$ $\mathcal{U}$ $\mathcal{U}$ $\mathcal{U}$ $\mathcal{U}$ $\mathcal{U}$

$\mathcal{U}$ $\mathcal{U}$ $\mathcal{U}$ $\mathcal{U}$ $\mathcal{U}$ $\mathcal{U}$ $\mathcal{U}$ $\mathcal{U}$ $\mathcal{U}$ $\mathcal{U}$ $\mathcal{U}$

$\mathcal{U}$

$\mathcal{U}$

$\mathcal{U}$

$\mathcal{U}$

u u u u u u u u u u u u u

u u u u u u u u u u u u u

u u u u u u u u u u u u u

u

u

u

u

36

• **Cursive Alphabet** •

• Cursive Alphabet •

• Cursive Alphabet •

x $x\ x\ x\ x\ x\ x\ x$
x $x\ x\ x\ x\ x\ x\ x$
x $x\ x\ x\ x\ x\ x\ x$

x
x
x
x

x
x
x
x

39

• Cursive Alphabet •

• **Cursive Alphabet** •

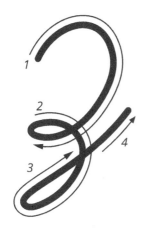

Connecting Letters

Ae *Ae Ae Ae Ae Ae Ae*

Ba *Ba Ba Ba Ba Ba Ba*

Ca *Ca Ca Ca Ca Ca Ca*

• Connecting Letters •

Ae   Ae Ae Ae Ae Ae Ae Ae Ae Ae

Ae

au   au au au au au au au au au

au

Al   Al Al Al Al Al Al Al Al Al

Al

an   an an an an an an an an

an

Am   Am Am Am Am Am Am

Am

ar   ar ar ar ar ar ar ar ar

ar

As   As As As As As As As As

As

44

• **Connecting Letters** •

Ba   Ba Ba Ba Ba Ba Ba Ba

Ba

be   be be be be be be be be be

be

Bi   Bi Bi Bi Bi Bi Bi Bi

Bi

bo   bo bo bo bo bo bo bo bo bo

bo

Bu   Bu Bu Bu Bu Bu Bu Bu

Bu

br   br br br br br br br br

br

By   By By By By By By By

By

45

• Connecting letters •

Ca Ca Ca Ca Ca Ca Ca Ca

Ca

ce ce ce ce ce ce ce ce ce

ce

Ci Ci Ci Ci Ci Ci Ci Ci

Ci

co co co co co co co co co

co

Cy Cy Cy Cy Cy Cy Cy Cy

Cy

cr cr cr cr cr cr cr cr cr

cr

Cu Cu Cu Cu Cu Cu Cu Cu

Cu

• Connecting Letters •

Da

Da

de

de

Di

Di

do

do

Du

Du

dr

dr

Dy

Dy

47

• Connecting Letters •

Ea   *Ea   Ea   Ea   Ea   Ea   Ea   Ea*

Ea

en   *en en en en en en en en en en*

en

Er   *Er   Er   Er   Er   Er   Er   Er*

Er

el   *el el el el el el el el el*

el

Et   *Et   Et   Et   Et   Et   Et   Et*

Et

em   *em em em em em em em*

em

Ex   *Ex Ex Ex Ex Ex Ex Ex*

Ex

• Connecting Letters •

Fa

Fa

fe

fe

Fi

Fi

fo

fo

Fu

Fu

fr

fr

Fy

Fy

49

• Connecting Letters •

Ga

Ga

ge

ge

Gi

Gi

go

go

Gu

Gu

gr

gr

Gy

Gy

• Connecting Letters •

Ha   Ha   Ha   Ha   Ha   Ha   Ha   Ha

Ha

he   he   he   he   he   he   he   he   he

he

Hi   Hi   Hi   Hi   Hi   Hi   Hi   Hi

Hi

ho   ho   ho   ho   ho   ho   ho   ho   ho   ho

ho

Hu   Hu   Hu   Hu   Hu   Hu   Hu   Hu

Hu

hr   hr   hr   hr   hr   hr   hr   hr   hr

hr

Hy   Hy   Hy   Hy   Hy   Hy   Hy   Hy

Hy

• Connecting Letters •

ln   *ln ln ln ln ln ln ln*

ln

ir   *ir ir ir ir ir ir ir ir*

ir

ll   *ll ll ll ll ll ll ll*

ll

is   *is is is is is is is is is*

is

lt   *lt lt lt lt lt lt lt*

lt

im   *im im im im im im im*

im

lv   *lv lv lv lv lv lv lv*

lv

52

• **Connecting Letters** •

Ja

Ja

je

je

Ji

Ji

jo

jo

Ju

Ju

jr

jr

Jy

Jy

• Connecting Letters •

Ka   *Ka Ka Ka Ka Ka Ka Ka*

Ka

ke   *ke ke ke ke ke ke ke ke ke*

ke

Ki   *Ki Ki Ki Ki Ki Ki Ki*

Ki

ko   *ko ko ko ko ko ko ko ko ko*

ko

Ku   *Ku Ku Ku Ku Ku Ku Ku*

Ku

kr   *kr kr kr kr kr kr kr kr*

kr

Ky   *Ky Ky Ky Ky Ky Ky Ky*

Ky

• Connecting Letters •

La   La La La La La La La

La

le   le le le le le le le le

le

Li   Li Li Li Li Li Li Li

Li

lo   lo lo lo lo lo lo lo lo

lo

Lu   Lu Lu Lu Lu Lu Lu Lu

Lu

lr   lr lr lr lr lr lr lr lr

lr

Ly   Ly Ly Ly Ly Ly Ly Ly

Ly

• Connecting Letters •

Ma

Ma

me

me

Mi

Mi

mo

mo

Mu

Mu

mr

mr

My

My

• Connecting Letters •

Na Na Na Na Na Na Na Na

Na

ne ne ne ne ne ne ne ne ne

ne

Ni Ni Ni Ni Ni Ni Ni Ni

Ni

no no no no no no no no no

no

Nu Nu Nu Nu Nu Nu Nu Nu

Nu

nr nr nr nr nr nr nr nr nr

nr

Ny Ny Ny Ny Ny Ny Ny Ny

Ny

• Connecting Letters •

On On On On On On On On

On

or or or or or or or or or or or

or

Op Op Op Op Op Op Op Op

Op

os os os os os os os os os os

os

Ot Ot Ot Ot Ot Ot Ot Ot

Ot

om om om om om om om om om

om

Ov Ov Ov Ov Ov Ov Ov Ov

Ov

• Connecting Letters •

Pa

Pa

pe

pe

Pi

Pi

po

po

Pu

Pu

pr

pr

Py

Py

• Connecting Letters •

Qa
Qa

qe
qe

Qi
Qi

qo
qo

Qu
Qu

qr
qr

Qy
Qy

• **Connecting Letters** •

Ra
Ra
re
re
Ri
Ri
ro
ro
Ru
Ru
rr
rr
Ry
Ry

• Connecting Letters •

Sa

Sa

se

se

Si

Si

so

so

Su

Su

sr

sr

Sy

Sy

• Connecting Letters •

Ta   Ta Ta Ta Ta Ta Ta Ta Ta Ta

Ta

te   te te te te te te te te te

te

Ti   Ti Ti Ti Ti Ti Ti Ti Ti Ti

Ti

to   to to to to to to to to to

to

Tu   Tu Tu Tu Tu Tu Tu Tu Tu Tu

Tu

tr   tr tr tr tr tr tr tr tr

tr

Ty   Ty Ty Ty Ty Ty Ty Ty Ty

Ty

• Connecting ILetters•

Un   Un Un Un Un Un Un Un

Un

ur   ur ur ur ur ur ur ur ur

ur

Ul   Ul Ul Ul Ul Ul Ul Ul Ul

Ul

us   us us us us us us us us

us

Ut   Ut Ut Ut Ut Ut Ut Ut

Ut

um   um um um um um um um

um

Uv   Uv Uv Uv Uv Uv Uv Uv

Uv

• Connecting Letters •

Va

Va

ve

ve

Vi

Vi

vo

vo

Vu

Vu

vr

vr

Vy

Vy

• **Connecting Letters** •

Wa

Wa

we

we

Wi

Wi

wo

wo

Wu

Wu

wr

wr

Wy

Wy

• Connecting Letters •

Xa   Xa Xa Xa Xa Xa Xa Xa

Xa

xe   xe xe xe xe xe xe xe

xe

Xi   Xi Xi Xi Xi Xi Xi Xi

Xi

xo   xo xo xo xo xo xo xo xo

xo

Xu   Xu Xu Xu Xu Xu Xu Xu

Xu

xr   xr xr xr xr xr xr xr

xr

Xy   Xy Xy Xy Xy Xy Xy Xy

Xy

• Connecting Letters •

Ya

Ya

ye

ye

Yi

Yi

yo

yo

Yu

Yu

yr

yr

Yy

Yy

• Connecting Letters •

Za Za Za Za Za Za Za Za

Za

ze ze ze ze ze ze ze ze

ze

Zi Zi Zi Zi Zi Zi Zi

Zi

zo zo zo zo zo zo zo zo

zo

Zu Zu Zu Zu Zu Zu Zu

Zu

zr zr zr zr zr zr zr zr

zr

Zy Zy Zy Zy Zy Zy Zy

Zy

Cursive Words

Animal • Bear • Camel

• Cursive Words •

Animal   *Animal   Animal   Animal*

Alpaka   *Alpaka   Alpaka   Alpaka*

Bear   *Bear Bear Bear Bear Bear*

Bison   *Bison Bison Bison Bison*

Camel   *Camel   Camel   Camel*

Crab   *Crab Crab Crab Crab Crab*

Donkey   *Donkey Donkey Donkey*

• Cursive Words •

Duck *Duck Duck Duck Duck*

Eagle *Eagle Eagle Eagle Eagle*

Eland *Eland Eland Eland*

Fish *Fish Fish Fish Fish*

Frog *Frog Frog Frog Frog*

Goose *Goose Goose Goose*

Grouse *Grouse Grouse Grouse*

· Cursive Words ·

Horse   *Horse Horse Horse Horse*

Hyena   *Hyena Hyena Hyena*

Iguana   *Iguana Iguana Iguana*

Impala   *Impala Impala Impala*

Jaguar   *Jaguar Jaguar Jaguar*

Jellyfish   *Jellyfish Jellyfish*

Kiwi   *Kiwi Kiwi Kiwi Kiwi*

• Cursive Words •

Koala

Lion

Loris

Mouse

Mule

Newt

Nutria

• Cursive Words •

Orca

Otter

Parrot

Prawn

Quail

Quoll

Rabbit

• Cursive Words •

Rooster

Seal

Spider

Tiger

Turtle

Uakari

Urchin

• Cursive Words •

Viper

Vole

Wasp

Worm

Xenops

Xerus

Yak

• Cursive Words •

Yarara

Zebra

Zokor

Cursive Sentences

Ducks can see color.

• **Cursive Sentences** •

Alpakas are cousins of llamas.

Brown bears sleep in dens.

• Cursive Sentences •

Eagles are symbols of freedom.

Frogs can breathe through their skin.

• Cursive Sentences •

Camels can conserve water.

Ducks can see color.

• Cursive Sentences •

Grouse are popular game birds.

Hyenas can solve problems.

• Cursive Sentences •

Impalas are graceful antelopes.

Jellyfish don't have brains.

• Cursive Sentences •

Mice are curious creatures.

Newts can regrow lost limbs.

• Cursive Sentences •

Kiwi cannot fly.

Lions rest most of the day.

• Cursive Sentences •

Orcas are the largest dolphins.

Parrots can mimic human speech.

• Cursive Sentences •

Quolls are excellent climbers.

Rabbits are symbols of fertility.

• Cursive Sentences •

Uakaris have red faces.

Wasps can sting multiple times.

• Cursive Sentences •

Spiders have eight legs.

Tigers are the largest wild cats.

• Cursive Sentences •

Xerus are African ground squirrels.

Zebras have black and white stripes.

Scripts

• Scripts •

The blue whale is the largest animal on Earth. It can weigh as much as two hundred tons! Its heart is as big as a small car.

· Scripts ·

• Scripts •

The smallest mammal is the bumblebee bat, also known as Kitti's hog-nosed bat. It weighs about two grams! Its snout resembles a pig's nose.

· Scripts ·

• Scripts •

The cheetah is the fastest land mammal. It is capable of sprinting up to sixty miles per hour. Cheetahs are incredible hunters in wild.

· Scripts ·

· Scripts ·

The most intelligent animal in the world is the bottlenose dolphin. It can solve problems, use tools, and even recognize itself in the mirror!

• Scripts •

CERTIFICATE

This is to certify that

_____

has successfully completed the course in
Cursive Writing

*This course covered the fundamentals
of cursive writing, enhancing accuracy,
fluency, and expression*

Made in United States
Cleveland, OH
21 May 2025

17049332R20059